NATIONAL GEOGRAPHIC

Peldaños

NATIVO-AMERICANOS DEL SUDOESTE

El misterio de los antiguos pueblo

por Sheri Reda

Era un día de otoño del año 1888. Dos vaqueros se encontraron con lo que parecía una ciudad tallada en un costado de un acantilado. El lugar estaba desierto. Los únicos sonidos eran el silbido del viento y el crujido del hielo bajo sus pies. ¿Dónde estaban?

Los hombres habían descubierto las casas de los antiguos pueblo en acantilados en Mesa Verde. Pronto, los **arqueólogos** llegaron a toda prisa al lugar para aprender más sobre ese lugar y las personas que vivían allí hace mucho tiempo.

Los antiguos pueblo comenzaron a vivir en la región de Cuatro Esquinas, aproximadamente en el año 550 d. C. Cuatro Esquinas es el punto en donde Arizona, Nuevo México, Colorado y Utah se unen. Al principio, los antiguos pueblo vivían sobre las **mesas**, o colinas con cimas llanas y laderas empinadas. Cazaban y recolectaban y hacían bellos canastos.

Más tarde, los antiguos pueblo se mudaron de las mesas. Se establecieron en aldeas y cultivaron maíz, frijoles y calabaza. Vivían en casas subterráneas, habitaciones construidas con la mitad bajo la tierra con techos hechos de palitos, piedra y arcilla. Aún más tarde, hicieron casas con **adobe**, ladrillos de arcilla y paja mezcladas.

Alrededor del año 1200, los antiguos pueblo comenzaron a vivir en casas en acantilados. Algunos arqueólogos creen que se mudaron a esos lugares altos para ponerse a salvo de los enemigos. Luego, solo cien años después, abandonaron repentinamente sus casas en los acantilados y se mudaron al Sur. Nadie sabe por qué.

Los descendientes de los antiguos pueblo siguen viviendo en el sudoeste estadounidense. Entre ellos están los hopi y los zuni. Ni siquiera ellos están seguros de por qué sus ancestros abandonaron el área de Cuatro Esquinas.

∧ Este es el palacio del acantilado, las casas más grandes en un acantilado en Mesa Verde. Mesa Verde es uno de los sitios mejor preservados de los antiguos pueblo.

Algunos de estos petroglifos representan leyendas, o relatos tradicionales que pueden o no ser históricamente verídicos. Este muestra a Kokopelli, una figura mítica popular en la cultura del sudoeste.

Mensajes de hace mucho tiempo

Estudiamos a las personas de la antigüedad mediante la observación del modo en que vivían. Todo, desde las casas hasta las ilustraciones que hicieron, nos dice algo.

El arte de los antiguos pueblo explica sus creencias, dificultades y vida cotidiana. Parte de su arte muestra a personas cazando animales. Otra parte, como la ilustración de la izquierda, puede contar una leyenda o una predicción del futuro. Pero esas son solo especulaciones. Así como los mismos antiguos pueblo, muchos aspectos de su arte siguen siendo un misterio para nosotros.

Los antiguos pueblo hacían arte con los materiales que tenían. Hacían tintas de diferentes colores con las plantas que tenían cerca. Pintaban impresiones de manos en la roca. También usaban piedras afiladas para crear **petroglifos**, o tallas en la roca. Las mejores rocas para crear petroglifos eran oscuras por fuera y más claras por dentro. A medida que el artista tallaba la superficie oscura, aparecía la roca más clara.

El arte rupestre puede durar muchísimos años si no se toca. Sin embargo, los seres humanos pueden dañarlos fácilmente. Las personas que visitan estos sitios de arte rupestre deben ser cuidadosas para no dañarlos. Las obras de arte de los antiguos pueblo todavía contienen muchos secretos. Los arqueólogos y los pueblo modernos trabajan en conjunto para comprender su significado.

Cerámica doméstica

La cerámica también nos da pistas sobre la vida de los antiguos pueblo. Se han descubierto muchos tipos de cerámica en las casas de los acantilados. Quienes vivían allí dejaron vasijas, platos y figuras de arcilla dentro de las habitaciones. Esas vasijas y platos antiguos están, asombrosamente, en buenas condiciones, si consideramos su antigüedad. Parece que hubieran estado allí durante 7 días, en lugar de 700 años.

¿Qué tienen de magníficos los platos y las vasijas viejas? Nos hablan de la vida cotidiana de las personas que los usaron. Por ejemplo, algunas vasijas tienen diseños hechos por tribus que vivían en otros lugares. Los diseños foráneos nos indican que los antiguos pueblo eran comerciantes. Intercambiaban productos con personas de otros lugares.

Los arqueólogos también estudian la manera en la que se hacían los objetos domésticos de los antiguos pueblo. Gracias a sus múltiples vasijas y tazones sabemos que tenían fuentes de arcilla.

Trozos de cerámica muy vieja están esparcidos por todas las ruinas de los antiguos pueblo. Estos trozos nos brindan más pistas sobre la vida de las personas que vivieron aquí hace mucho tiempo. Por ejemplo, cada combinación de colores y patrones proviene de diferentes períodos. Los trozos hacen que sea posible saber cuándo se hizo y se usó la cerámica.

Los antiguos artistas pueblo hicieron esta figura de cerámica en algún momento entre los años 900 y 1200 D. C.

6

La mayor parte de la cerámica se usaba para las actividades diarias, como cocinar o transportar agua. Durante las ceremonias, se usaban unas vasijas especiales.

Casas vacías

Entonces, ¿por qué los antiguos pueblo abandonaron sus casas en los acantilados? Sabemos que, aproximadamente, en el año 1300 abandonaron lo que en la actualidad es Colorado y Utah. Eso fue solo unos 100 años después de que comenzaran a vivir allí. Emigraron al Sur, a Arizona, Nuevo México y México. Muchos de sus descendientes, como los hopi y los zuni, todavía viven en esos lugares en la actualidad.

Los arqueólogos tienen teorías sobre por qué los antiguos pueblo se fueron. Una teoría es que la sequía, o período sin lluvias, hizo que fuera imposible para ellos cultivar alimentos. Otra teoría sugiere que la guerra alteró su modo de vida. O quizá los grupos que vivían juntos tuvieron desacuerdos que los llevaron a buscar lugares más pacíficos para vivir.

Los descendientes de los antiguos pueblo, incluidos los hopi y los zuni, todavía viven en casas de adobe. Algunos pueblo modernos todavía viven sobre las mesas, mientras que otros viven en comunidades modernas. Trabajan con los científicos y el gobierno para proteger los restos de la civilización de los antiguos pueblo. Quieren que las personas puedan aprender sobre su cultura. Con el tiempo, quizá también descubran con certeza por qué los antiguos pueblo abandonaron sus casas en los acantilados.

▲ Algunos elementos de la cultura de los antiguos pueblo sobreviven en la danza, la lengua y el arte de los pueblo modernos (que se muestran aquí). Usan colores brillantes y patrones gráficos en su arte y su ropa.

▽ Este paisaje desértico en Utah fue antiguamente el hogar de una comunidad de antiguos pueblo. Abajo hay un grupo de piedras que formaban la base redonda de una kiva. Una kiva es un edificio que se usaba para las reuniones y las ceremonias.

Compruébalo ¿Qué nos dicen los artefactos de cerámica sobre la vida de los antiguos pueblo?

Lee para descubrir cómo un grupo de hablantes de código navajo ayudó a los Estados Unidos durante la Segunda Guerra Mundial.

La llegada de los hablantes de código Navajo

por Sheri Reda

ilustraciones de Owen Brozman

Era diciembre del año 1941, y se llevaba a cabo la Segunda Guerra Mundial. Los Estados Unidos habían permanecido fuera de la guerra hasta que los japoneses bombardearon Pearl Harbor, en Hawái. Entonces, los Estados Unidos declararon la guerra. Las primeras batallas no tuvieron buen resultado. Los japoneses descifraban los códigos que el ejército estadounidense usaba para enviar mensajes secretos a los soldados. Los Estados Unidos debían hallar una mejor manera de enviar esos mensajes. De lo contrario, el enemigo continuaría descubriendo sus planes.

UN INGENIERO QUE SE LLAMABA PHILIP JOHNSTON TUVO UNA IDEA. SOSPECHABA QUE UNA HABILIDAD POCO COMÚN DE SU PASADO PODÍA SER LA SOLUCIÓN. LLEVÓ SU IDEA A UN OFICIAL DE MÁS ALTO RANGO PARA VER SI PODÍA FUNCIONAR.

MAYOR, PUEDO DARLE UN CÓDIGO QUE LES PERMITIRÁ ENVIAR Y RECIBIR MENSAJES EN UN CAMPO DE BATALLA DE MANERA SEGURA Y SECRETA.

CREÍA QUE EL NAVAJO ERA SOLO UNA LENGUA ORAL. ¿CÓMO LA ESCRIBIRÍAMOS?

PODRÍAMOS USAR EL NAVAJO, SEÑOR. ES UNA LENGUA COMPLETA, PERO SOLO UNOS 28 NAVAJOS EN EL MUNDO LA CONOCEN.

NO LA ESCRIBIRÍAMOS, SEÑOR. NO HABRÍA CLAVES DE RESPUESTA NI PISTAS ESCRITAS. ¡EL ENEMIGO NO TENDRÍA MANERA DE DESCIFRARLA!

AUNQUE ÉL NO ERA NATIVO-AMERICANO, PHILIP HABÍA APRENDIDO NAVAJO DE NIÑO MIENTRAS CRECÍA EN UNA RESERVA NAVAJO DONDE TRABAJABA SU PADRE.

¡CUENTEN CONMIGO!

SEÑORES, LOS NECESITAMOS. LOS NAVAJO TIENEN UNA ORGULLOSA TRADICIÓN COMO GUERREROS. PUEDEN SER GUERREROS DE NUEVO, USANDO SU LENGUA NAVAJO COMO NUEVO CÓDIGO.

¡ME OFREZCO!

LOS NAVAJO SIEMPRE HEMOS SIDO GRANDES GUERREROS. ¡AHORA TENEMOS LA OPORTUNIDAD DE DEMOSTRARLO!

JOHNSTON **RECLUTÓ**, O INVITÓ, A **CIVILES** NAVAJO A UNIRSE A LA GUERRA. EL PUEBLO NAVAJO VIVÍA PRINCIPALMENTE EN RESERVAS, TIERRAS APARTADAS PARA LOS NATIVO-AMERICANOS DESPUÉS DE QUE EL GOBIERNO DE LOS EE. UU. LOS EXPULSARA DE SUS TIERRAS ORIGINALES. VIVIR EN RESERVAS ERA DIFÍCIL ALGUNAS VECES. PERO LOS NAVAJO ERAN UN PUEBLO ORGULLOSO. LOS **RECLUTAS** NAVAJO ESTABAN ÁVIDOS DE PRESTAR SERVICIO A SU PAÍS EN TIEMPOS DE GUERRA.

NO HABÍA PALABRAS NAVAJO PARA LOS AVIONES Y LOS BARCOS MILITARES. POR LO TANTO, LOS SOLDADOS NAVAJO INVENTARON TÉRMINOS PARA ELLOS. LOS RECLUTAS NAVAJO APRENDIERON MÁS DE 200 PALABRAS Y FRASES PARA EL CÓDIGO.

¡EXCELENTE IDEA! EN NAVAJO "POLLO HALCÓN" ES "GINI". ESA SERÁ LA PALABRA EN CÓDIGO PARA DECIR "AVIÓN BOMBARDERO".

NECESITAMOS UNA PALABRA NAVAJO PARA DECIR "AVIÓN BOMBARDERO". ¿QUÉ TAL "POLLO HALCÓN"?

REGISTRABAN TODOS LOS TÉRMINOS NUEVOS QUE INVENTABAN.

VEHÍCULO MILITAR	PALABRA NAVAJO	SIGNIFICADO DE LA PALABRA NAVAJO EN ESPAÑOL
Bombardero en picada	Gini	Pollo halcón
Avión de torpedero	Tas-chizzie	Tragar
Avión de reconocimiento	Ne-ahs-jah	Búho
Avión de caza	Da-he-tih-hi	Colibrí
Bombardero	Jav-sho	Buitre
Avión de transporte	Astah	Águila
Acorazado	Lo-tso	Ballena
Portaaviones	Tsidi-ney-ye-hi	Jaula para aves
Submarino	Besh-lo	Pez de hierro

Letra en español	Palabra en español	Palabra en navajo
A	ALCE	DZEH
B	BARRIL	TOISH-JEH
C	CARBÓN	TLA-GIN
D	DEMONIO	CHINDI
G	GATO	MOASI
H	HACHA	TSE-NILL
H	HORMIGA	WOL-LA-CHEE
M	MANZANA	BE-LA-SANA
O	OJO	AH-NAH
O	OREJA	AH-JAH
O	OSO	SHUSH
P	PERRO	LHA-CHA-EH
T	TEJÓN	NA-HASH-CHID
V	VACA	BA-GOSHI
V	VENADO	BE

PARA USAR PALABRAS QUE NO ESTUVIERAN EN SU LISTA DE AVIONES Y BARCOS, DELETREABAN ESAS PALABRAS EN CÓDIGO. USABAN PALABRAS NAVAJO PARA DECIR LAS LETRAS EN EL ALFABETO EN INGLÉS. OBSERVA LA TABLA DE ARRIBA. ¿CUÁLES SON DOS MANERAS DE DELETREAR LA PALABRA "BOCA" MEDIANTE EL CÓDIGO?

ESTADOS UNIDOS HONRA A LOS NATIVO-AMERICANOS QUE... DIERON A SU PAÍS UN SERVICIO QUE SOLO ELLOS PODÍAN DAR. EN LA GUERRA, USANDO SU LENGUA NATIVA, ENTREGARON MENSAJES SECRETOS QUE DIERON UN GIRO A LA BATALLA... HOY, LES DAMOS A ESTOS INFANTES DE MARINA EXCEPCIONALES EL RECONOCIMIENTO QUE SE GANARON HACE MUCHO TIEMPO.

LUEGO, EN EL AÑO 2001, EL PRESIDENTE GEORGE W. BUSH LES ENTREGÓ MEDALLAS ESPECIALES A LOS CUATRO HABLANTES DE CÓDIGO NAVAJO ORIGINALES QUE TODAVÍA VIVÍAN. LES ENTREGÓ MEDALLAS DE PLATA A DOCENAS DE HABLANTES DE CÓDIGO NAVAJO QUE VINIERON DESPUÉS DE ESTE GRUPO.

MUCHOS DE LOS HABLANTES DE CÓDIGO NO VIVIERON LO SUFICIENTE PARA RECIBIR ESTOS HONORES.

CHESTER NEZ, EL ÚLTIMO MIEMBRO SOBREVIVIENTE DE LOS HABLANTES DE CÓDIGO NAVAJO ORIGINALES, DIO UN DISCURSO EN EL AÑO 2013 SOBRE SUS EXPERIENCIAS EN LA GUERRA. SU PAPEL FUE TAN IMPORTANTE QUE ÉL Y LOS OTROS HABLANTES DE CÓDIGO SIEMPRE ESTABAN DE SERVICIO EN CASO DE QUE LLEGARA UN MENSAJE.

JUNTOS, LOS HABLANTES DE CÓDIGO ORIGINALES CREARON EL ÚNICO CÓDIGO NO DESCIFRADO EN LA HISTORIA MILITAR MODERNA.

Compruébalo ¿Cómo hicieron los hablantes de código navajo una contribución a la guerra y prestaron un servicio a su país?

GÉNERO Artículo de cultura

Lee para descubrir sobre el significado de los símbolos animales.

SIMBOLISMO ANIMAL en el sudoeste

por Brett Gover

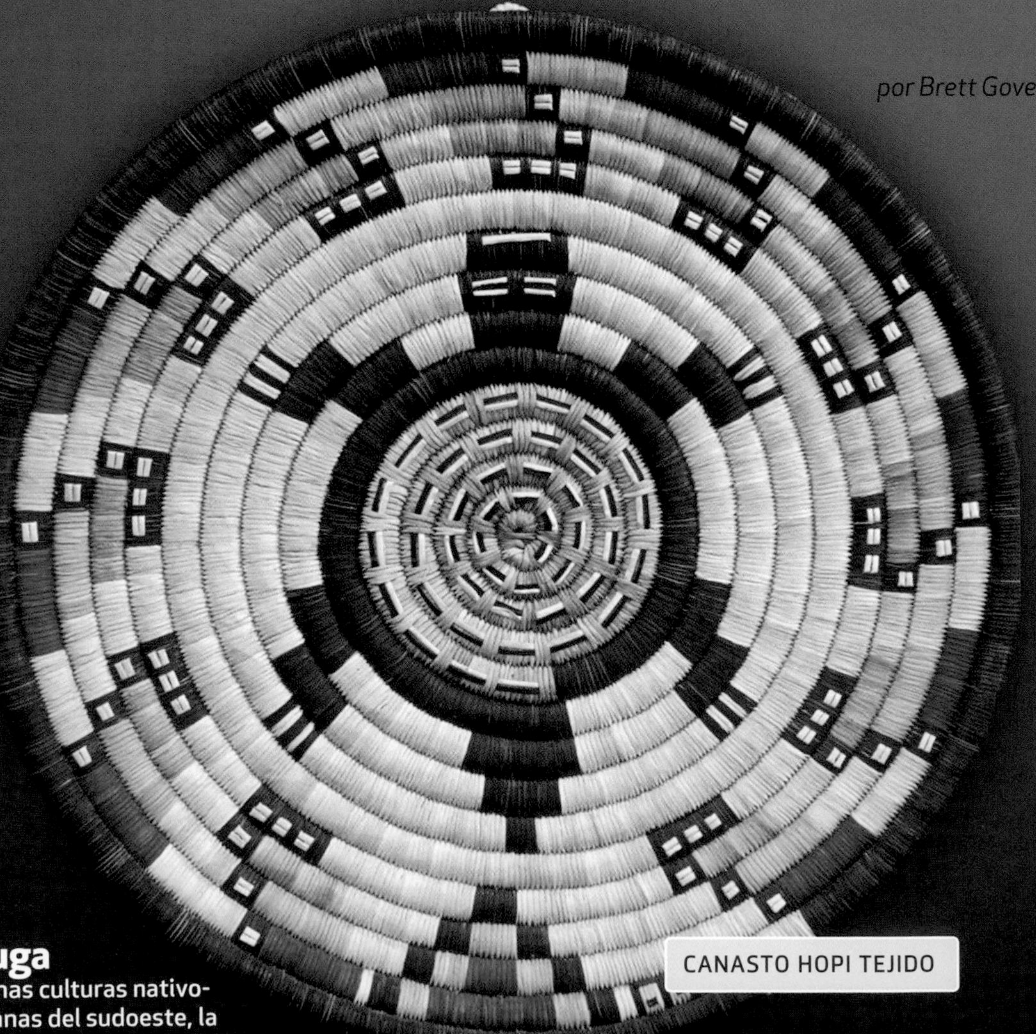

CANASTO HOPI TEJIDO

> Tortuga

En muchas culturas nativo-americanas del sudoeste, la tortuga es un símbolo de la Tierra. Ambas se mueven lentamente y sin detenerse. ¿Puedes encontrar la tortuga en este canasto tejido?

os animales tienen un papel importante en la cultura, la religión y la **mitología** de los nativo-americanos del sudoeste. Muchos cuentos hablan de animales que actúan como seres humanos. Pueden hablar, enojarse y aprender de los errores. A veces los animales incluso tienen talentos **divinos**, como la capacidad de cambiar el estado del tiempo. Pero los cuentos también destacan las fortalezas o las debilidades naturales de un animal. Enseñan lecciones sobre la vida a través de las aventuras de los animales.

Los nativo-americanos sentían un profundo respeto por los animales. Ponían **símbolos** animales en los diseños de cerámica, tallas, joyas, pinturas en la arena y otros tipos de arte. Esos símbolos no solo representan al animal mismo. También representan cualidades que se cree tiene el animal.

BÚHO DE TERRACOTA ZUNI

⌃ Búho
Los búhos pueden ver en la oscuridad. Pueden detectar animales pequeños a una gran distancia. El búho representa la sabiduría, la verdad y la capacidad de ver cosas que otros no pueden. Son protectores del hogar.

⌄ Rana
Las ranas representan el agua, la lluvia y la fertilidad. Las ranas viven tanto en el agua (cuando son renacuajos) como en la tierra. Cuando los renacuajos y las ranas aparecen juntos en el arte nativo-americano, representan el ciclo de la vida.

VASIJA ZUNI PUEBLO PARA LLEVAR AGUA

El protector

Si te encuentras con un oso, quizá te dé mucho miedo. Después de todo, son animales grandes y feroces. Sin embargo, para el pueblo zuni de Nuevo México el oso es un símbolo de protección. De hecho, algunos creen que si "alimentas" la imagen tallada de un oso pequeño, poniendo harina de maíz delante de ella, el oso protegerá tu hogar.

La imagen tallada de un oso se llama fetiche. Un fetiche es un objeto pequeño que las personas creen que tiene poderes especiales o un significado simbólico. Los zuni crean fetiches de animales que son importantes para ellos. Creen que estos fetiches de animales tienen poderes curativos especiales. Es común que los fetiches tengan flechas rectas o zigzagueantes llamadas líneas del corazón. Una línea del corazón muestra el camino del aliento del animal. Los zuni creen que esta línea le da al fetiche poderes curativos.

Para los zuni, los osos representan el instinto y la fuerza. También representan la capacidad de adaptarse y cambiar. El oso inspira coraje para entenderse a uno mismo y enfrentar los problemas de la vida.

OSO FETICHE ZUNI

La línea del corazón tallada en el costado de este oso fetiche muestra el movimiento del aliento del animal desde su boca hacia su corazón y alma.

> El mundo zuni estaba compuesto por seis direcciones importantes. Cada dirección tenía su propio color y guardián. El oso era el guardián del Oeste. El color del Oeste era el azul, posiblemente debido al color azul del océano.

El guardián

Un águila puede elevarse en el cielo y aún así cazar presas que están muy abajo. Su vista es asombrosa. Incluso desde una gran altura, puede detectar a una ardilla que corre a toda prisa o a un pez. Esta ave de presa tiene ojos casi tan grandes como los del ser humano. Pero su visión es en realidad mucho más aguda que la nuestra. Alas enormes, garras poderosas y vista precisa hacen que las águilas sean cazadoras temibles.

En las tradiciones de los nativo-americanos del sudoeste, el águila custodia la Región Superior, una de las seis direcciones sagradas. Estas incluyen las cuatro direcciones que conocemos (Norte, Sur, Este y Oeste), además de arriba y bajo tierra. Muy arriba, el águila lleva las oraciones de las personas a los dioses. El águila simboliza el coraje, la sabiduría, la fuerza y la dignidad. Algunos pueblos nativo-americanos valoran mucho las plumas de las águilas y las usan en ceremonias sagradas.

PENDIENTE ANTIGUO DE UN ÁGUILA

∧ Para los zuni, el águila es guardiana del cielo. Los zuni consideran que el águila es el hermano menor del lobo, que es el guardián del Este.

> Este canasto tejido muestra una imagen de un águila. Muchos nativo-americanos usan este tipo de canasto como tazón.

CANASTO HOPI DE MIMBRE

¿Alguna vez te preguntaste de dónde salió el nombre del águila calva? Después de todo, su cabeza no es calva. La respuesta es que la palabra que en inglés significa *calvo*, antiguamente significaba "blanco".

El sanador

Los lagartos son unos de los animales más comunes del sudoeste. Algunos no son más grandes que tu dedo meñique. Otros son tan largos como tu brazo. Docenas de tipos de lagartos viven en esta región. No es sorprendente que los diseños de lagartos sean tan comunes en el arte de los nativo-americanos del sudoeste.

El monstruo de Gila es uno de ellos. Este animal de dos pies de largo con lengua bífida, pasa la mayor parte de su vida bajo tierra en su madriguera. Es uno de los dos lagartos venenosos en el mundo. Su veneno es dañino para los seres humanos. A pesar de eso, el monstruo de Gila representa la preservación y la supervivencia en la mitología de los nativo-americanos del sudoeste. En muchas leyendas, el monstruo de Gila es el héroe.

Este lagarto también simboliza la salud, la prosperidad, la protección y la felicidad. Algunos creen que la piel escamosa del monstruo de Gila tiene el poder de sanar. Los científicos han descubierto recientemente que el veneno de este lagarto puede ser útil para combatir ciertas enfermedades.

Este canasto está decorado con siluetas de lagarto. Lo hicieron hace mucho tiempo los o'odham en lo que actualmente es la parte central del sur de Arizona.

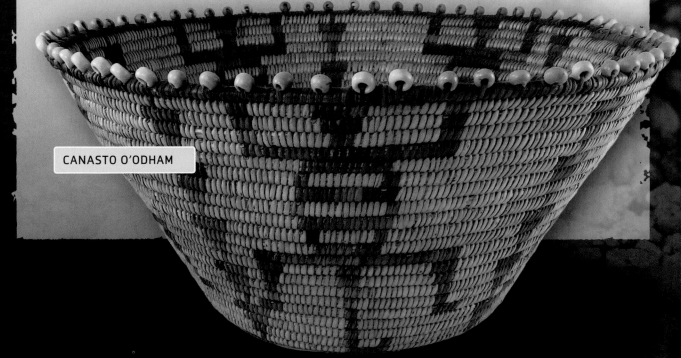

CANASTO O'ODHAM

Algunos lagartos tienen colores brillantes, mientras que otros son más bien opacos. Las escamas del monstruo de Gila les advierten a otros animales que permanezcan alejados.

Compruébalo Describe algunas de las características que simbolizan estos animales para los nativo-americanos del sudoeste.

Cómo Coyote se robó el Sol

por Elizabeth Massie   ilustraciones de Richard Downs

En las culturas de todo el mundo se relatan cuentos populares. Muchos de estos cuentos intentan responder preguntas sobre la naturaleza, como por qué la hierba es verde o por qué las arañas tienen ocho patas. Ese tipo de cuento popular se llama *cuento pourquoi,* porque pourquoi significa "por qué" en francés. El siguiente cuento zuni cuenta cómo se originó el invierno. Presenta a Coyote, un embustero popular en muchos cuentos nativo-americanos.

Hace mucho tiempo, la tierra estaba a oscuras. Aunque el estado del tiempo siempre era cálido, no había luz. Muchos animales luchaban por sobrevivir en la oscuridad infinita, especialmente Coyote. No podía ver por dónde iba, lo que hacía que le fuera casi imposible cazar.

Coyote estaba celoso de Águila, que tenía una vista aguda y podía ver en la oscuridad. Un día, Coyote llamó a Águila, que estaba posada en un peñasco con una serpiente grande y gorda en sus afiladas garras.

—Oye, Águila —dijo—, ojalá pudiera cazar tan bien como tú. Pero está demasiado oscuro y mis ojos no pueden hallar la presa que debo atrapar.

Águila inclinó la cabeza, pensando, y luego contestó:

—Sé dónde hay luz, y puedo llevarte allí, si quieres.

—Eso me gustaría —dijo Coyote—. No vayas muy rápido, o te perderé de vista.

Después de alimentar con la serpiente a sus ruidosos aguiluchos, Águila voló hacia el Oeste, y Coyote corrió detrás de ella. Viajó sobre tramos llanos de desierto, lechos de ríos y colinas escarpadas.

Coyote se golpeó un dedo con una roca y gritó:

—¡Ay! ¡No vayas tan rápido!

—¿Por qué no miras por dónde vas? —dijo Águila.

Estaba tan oscuro, que Coyote no podía ver por dónde iba, pero cuando le contó eso a Águila, esta solo suspiró y continuó volando.

Finalmente, los dos llegaron a las afueras oscuras de una aldea. En el centro de la aldea, las personas bailaban y cantaban alrededor de una misteriosa caja brillante.

Coyote y Águila observaban desde las sombras. Coyote parpadeó y entrecerró los ojos, pues no estaba acostumbrado a ver la luz. Le susurró a Águila:

—¡Robemos la luz y llevémosla!

Águila sacudió su plumosa cabeza y dijo:

—Eso no sería justo, pero podríamos pedirla prestada por un tiempo.

Coyote resolló, puso los ojos en blanco y
señaló a los bailarines.

—Solo míralos. Disfrutan demasiado de la
luz como para permitirnos tomarla prestada.
Por favor, Águila, robémosla, ya que la han
tenido suficiente tiempo y ahora es nuestro
turno.

Águila dudó al principio, pero finalmente
bajó en picada y arrebató la caja de luz con
sus garras. Se fue volando y Coyote corrió a
toda prisa junto a ella.

Mientras se apresuraban camino al Este, Coyote se dio cuenta de lo fácil que era ahora ver por dónde iba. Comenzó a sentir mucha curiosidad por la caja de luz. Quería echar un vistazo adentro, pero mientras Águila la tuviera en sus garras, no podría acercarse.

—Águila —la llamó—, déjame llevar la caja un rato. Sin el peso de esa caja, será más fácil para ti volar.

Águila respondió:

—No, gracias.

Coyote pensó que Águila podía cambiar de parecer. De nuevo le gritó:

—¡Águila, dame la caja para que la lleve, así podrás volar libremente!

Águila respondió educadamente:

—No, gracias.

Mucho más tarde, Coyote gritó:

—Dame la caja para que la lleve, Águila. ¡Por favor, por favor, por favor!

Cansada de las súplicas, Águila finalmente aceptó. Voló hasta la tierra y le entregó la caja a Coyote. Luego lo miró a los ojos y le dio una advertencia severa:

—No abras la caja, pues debe permanecer cerrada. Solo con su brillo te permitirá ver en la oscuridad.

—No la voy a abrir —prometió Coyote, aunque estaba ansioso por mirar adentro.

Águila se fue volando y dejó solo a Coyote con la caja de luz.

Por un tiempo, Coyote llevó la caja a través
del desierto. Finalmente, su curiosidad se
impuso. Se detuvo, puso la caja en el suelo y
la observó atentamente. Caminó alrededor de
ella y la tocó con su pata y la olió. Incluso la
lamió para ver si la luz tenía un gusto especial.
Pero nada de eso lo satisfizo.

"Suficiente —se dijo Coyote a sí mismo—.
¿Qué daño puede causar un vistazo rápido?".

Con eso, Coyote sacó la tapa de la caja con un
empujoncito de su larga nariz.

De repente, hubo un *¡fushh!* estridente y
Coyote cayó hacia atrás mientras el Sol
y la Luna, que habían estado encerrados
herméticamente dentro de la caja, subieron
volando al cielo.

Cuánto más alto volaba el brillante Sol, más se alejaba. El estado del tiempo se puso frío y comenzó a nevar. La nieve se hizo más alta y Coyote empezó a tiritar y mirar para todos lados, con la esperanza de que ninguna otra criatura hubiera visto lo que había hecho.

Pero Águila había visto a Coyote. Voló hasta donde estaba sentado cubierto de nieve.

—Nunca debí haber cedido a tus súplicas —dijo—. Has liberado la luz y el calor del Sol. ¡Ahora está tan lejos que también has traído el tiempo frío al mundo!

Coyote agachó la cabeza avergonzado. Sí, había traído la luz al mundo, pero al dejar que escapara la luz, también había creado el invierno.

Compruébalo Describe el carácter de Coyote y de Águila. ¿Cómo influyen sus personalidades en las acciones del cuento?

Comenta

1. ¿Qué conecta los cuatro artículos que leíste en este libro? ¿Qué te hace pensar eso?

2. Basándote en las evidencias que se presentan en el primer artículo, ¿qué crees que les sucedió a los antiguos pueblo?

3. ¿Cómo trabajaron juntos el ejército de los EE. UU. y los navajo durante la Segunda Guerra Mundial? ¿Cuáles fueron algunos de los desafíos del uso de la lengua navajo como base de un código?

4. ¿Qué lecciones de vida podemos aprender de las acciones de Coyote en el cuento popular?

5. ¿Sobre qué aspecto de la cultura de los nativo-americanos del sudoeste quieres aprender más? ¿Por qué?